Madalynn the Monarch Butterfly and
Her Quest to Michoacan

Madalynn la mariposa monarca y su
aventura por Michoacán

To my family:

My husband Shuja and my children, Khalila, Khyaam and Omar Haque.

For my father Anthony Baca Sr. and Kay Baca Gallagher
—wish there were a library in heaven!

Thank you:

Patricia Escalante Pliego, curator of the National Collection of Birds, Institute of Biology, Universidad Nacional Autónoma de México.

Lucy Ruiz Solecki, Yolanda Aldrete Sanchez, Liliana Godinez Aldrete, Anita Monteverde, Gerardo Ramirez and Veronica Haque.

...for your consistent advice and encouragement on this journey.

Madalynn the Monarch Butterfly and Her Quest to Michoacan

by Mary Baca Haque

Madalynn la mariposa monarca y su aventura por Michoacán

por Mary Baca Haque

Spanish translation by
Francisco Lancaster-Jones

Illustrated by Emily du Houx

Polar Bear & Company
Solon Maine U.S.A.
www.polarbearandco.com

Polar Bear & Company
P.O. Box 311, Solon, Maine 04979 U.S.A.
207 643-2795
polarbear@skow.net
www.polarbearandco.com

Table of Contents

Introduction

One of the great animal migrations of the planet involves an insect: the monarch butterfly. At the end of the summer of every year, hundreds of millions of monarchs throughout North America gather to fly south, where the winter is less cold. Those living west of the Rockies head down to southern California and those living east of the Rockies go to Mexico.

The journey is long and not free of dangers, particularly for the eastern population of monarchs that need to travel up to 3,000 miles before they reach their winter home in central Mexico. If you think that is far, just imagine how long of a journey it would be for a little animal that is just a few inches long? Yet, the monarchs do it year after year. These courageous butterflies fly over mountains, deserts, and sometimes even cities!

Only flying these great distances can the monarchs have the better of the two worlds: The United States and Canada where there is plenty of milkweed and flowers to feed on in the many fields where they live, and then, once the cold season arrives, they make their way to the protected warmth of the fir forests in the mountains of Michoacan, Mexico.

They arrive in Michoacan at the beginning of November. The arrival of the monarchs generally coincides with the Day of the Dead when Mexicans honor their loved ones who are gone. According to Mexican legend, the butterflies represent the souls of the dead.

For a butterfly, overwintering in Mexico, the forest is her home. The tall fir trees will provide the shelter the monarchs need to protect themselves against wind, rain and even sometimes snow. Being in one of the sanctuaries on a sunny winter day is an amazing magical experience. At first, when the sun has not yet reached the valleys, the butterflies are half asleep with their wings up, one leaning against the other, each group in a cluster-like form. When the sun comes up, the butterflies warm up and many start flying around the forest. Imagine yourself surrounded by millions of butterflies fluttering all around—you can even hear their wings flapping! At sundown or on cloudy days, the monarchs prefer to just stay there, roosting on the fir trees.

But these forests which the monarchs need so much are also needed by the people who live in the area. They cut them to sell the timber and also to make firewood. Unfortunately, they are cutting too much and the forest cover now has holes that will let the wind, the rain and the snow go through. This year (2002) there was a bad storm and millions of monarchs died, presumably because the wind knocked them off the trees and they froze to death on the ground, as the wind was followed by freezing rain. The survivors will head back to North America in the spring and, as they recolonize the continent, they will reproduce and hopefully, if the food is abundant, the population will have a chance to recover over the summer.

This year taught us an important lesson: A cover with holes is no cover at all. A forest that is not healthy will not provide the protection the monarchs need. We all need to do something to protect the forests of Michoacan, so we may witness this beautiful phenomenon of the monarchs in the future. One thing we can do is to work with the local communities in Michoacan to help them find other ways of making money, without cutting the trees where the monarchs roost.

If you live in the United States, you can give money to a conservation organization that works in Mexico helping protect the monarchs. You may find some of these organizations on the internet by visiting www.learner.org/jnorth/spring2001/species/monarch/. You may be able to track the great monarchs of North America from the onward journey south in the fall to north in the spring. You will also learn about the many projects that you can have at your school.

This wonderful book that you are about to start reading will tell you the story of a brave monarch butterfly named Madalynn and her quest through North America to the pristine mountains of Michoacan. I hope that you will enjoy reading it and that you learn the many things one can learn about these magical creatures.

Guillermo Castilleja
Vice-president
for Latin America
and the Caribbean
World Wildlife Fund

1250 24th Street NW
Washington, DC 20037
guillermo.castilleja@wwfus.org
www.worldwildlife.org

Introducción

Una de las migraciones más grandes del planeta involucra a un insecto: la mariposa monarca. Al final del verano de cada año, centenares de millones de monarcas en toda América del Norte se juntan para volar hacia el sur, donde el invierno es menos frío. Las que viven al oeste de las Montañas Rocallosas se dirigen a California y aquellas que viven al este de las Montañas Rocallosas van a México.

El viaje es largo y no está exento de peligros, especialmente para la población de monarcas del este que necesitan viajar más de 4,000 kilómetros antes de llegar a su casa de invierno en la parte central de México. ¿Si tu piensas que eso es lejos, imagínate que largo será el viaje para un pequeño animal que tiene solamente unos cuantos centímetros de largo? Aún así, las monarcas lo hacen año tras año. ¡Estas mariposas valientes vuelan sobre montañas, desiertos y algunas veces hasta sobre ciudades!

Sólo volando estas grandes distancias la monarca puede tener lo mejor de los dos mundos: Los Estados Unidos y Canadá, donde existe abundante algodoncillo y flores para alimentarse en muchos de los campos en que ellas viven en el verano y los bosques de abeto en las montañas de Michoacán, México, en el invierno.

Ellas llegan a Michoacán a mediados de noviembre. La llegada de las monarcas generalmente coincide con el Día de los Muertos, cuando los Mexicanos honran a sus seres queridos que se han ido. De acuerdo con la leyenda mexicana, las mariposas representan las almas de los muertos.

Para una mariposa que inverna en México, el bosque es su casa. Los altos árboles de abeto proveen el techo que las monarcas necesitan para protegerse del viento y de la lluvia y también algunas veces de la nieve. Estar en uno de los santuarios en un día soleado de invierno es una experiencia mágica. Al principio, cuando el sol no ha llegado a los valles, las mariposas están medio despiertas con sus alas levantadas, unas recargándose sobre las otras, cada grupo en una forma de racimo. Cuando el sol sale, las mariposas se calientan y muchas empiezan volar alrededor del bosque. ¡Imagínate rodeado de millones de mariposas aleteando a tu alrededor —hay tantas que puedes hasta escuchar su aleteo! Al atardecer, o en los días nublados, las monarcas prefieren sólo permanecer ahí, acurrucándose en los árboles de abetos.

Pero estos bosques que las monarcas necesitan tanto son también muy necesitados por las personas que viven en esa área. Ellos los cortan para vender la madera y hacer leña.

Desafortunadamente, ellos están cortando muchos árboles y el bosque tiene ahora espacios vacíos que dejan pasar el viento, la lluvia y la nieve. Este año (2002) hubo una fuerte nevada y millones de monarcas murieron, supuestamente porque el viento las tumbó de los árboles y ellas se congelaron hasta morir en el suelo, y por que después del viento siguió la lluvia helada. Las sobrevivientes volverán a Canadá y los Estados Unidos en la primavera y cuando ellas vuelvan a colonizar el continente se reproducirán y esperemos que la comida sea abundante para que la población tenga oportunidad de recuperarse durante el verano.

Este año (2002) nos enseña una importante lección: «Un techo con agujeros no es un techo». Un bosque que no es saludable no dará la protección que las monarcas necesitan. Todos nosotros debemos hacer algo para proteger los bosques de Michoacán, para que podamos ser testigos de este precioso fenómeno natural de las monarcas en el futuro. Una cosa que podemos hacer es trabajar con las comunidades cercanas en Michoacán para ayudarles a encontrar otros modos de hacer dinero sin tener que cortar los árboles donde las monarcas hibernan.

Si vives en los Estados Unidos, puedes apoyar con dinero a alguna de las organizaciones de conservación que trabajan en México ayudando a proteger a las monarcas. Puedes encontrar algunas de estas organizaciones visitando el sitio de Internet www.learner.org/jnorth/spring2001/species/monarch/. En este sitio, puedes seguir la migración de las monarcas desde Norte América hacia el sur durante el otoño y hacia el norte durante la primavera. También podrás aprender acerca de los muchos proyectos que puedes realizar en tu escuela.

Este maravilloso libro que estas a punto de leer, cuenta la historia de una valiente mariposa monarca llamada Madalynn y su aventura a través de Norte América hasta las preciosas montañas de Michoacán. Espero que disfrutes la lectura y que aprendas la gran cantidad de cosas que uno puede apreciar de estas mágicas criaturas.

Guillermo Castilleja
Vicepresidente
para América Latina y el Caribe
World Wildlife Fund

1250 24th Street NW
Washington, DC 20037
guillermo.castilleja@wwfus.org
www.worldwildlife.org

𝓜adalynn the monarch butterfly lives in eastern Canada with her mother and father. She is a beautiful monarch, black and orange, with a yellow dot on each wing. Her father, Elliot, is the chief of Monarch Tree Village where hundreds of other monarchs live.

Madalynn loved their tree house. The village had clear, never-ending, crisp, blue skies with endless green grass laden with flowers.

Madalynn noticed that the days were getting shorter. With the cool air setting in, she eyed the once leafy trees that were now barren; the flowers did not have the same liveliness that they once held, and on top of that the beautiful forest was growing very quiet.

She was sad that this change was happening to her once familiar surroundings. She knew the time was coming soon for her first migration and she was terribly nervous!

Millions of other monarchs would also be making the long journey along with them. It was common knowledge that none of the monarchs could ever survive the long Canadian winter.

Madalynn arrived home from school one cold day in November and noticed her parents packing what little belongings they had. Madalynn knew that look her parents had in their eyes. It was the same look they had when Marvin the preying mantis was found lurking near to their tree.

"Madalynn, we need to prepare for our journey soon."

"Not this again," Madalynn thought to herself. "Okay Father," she replied.

Her mother and father told her (as they had so many other times) of their upcoming journey of migration to a warmer climate.

"But Father, I don't want to leave this forest and live anywhere else!" Madalynn said angrily.

"It will only be for a few months, Madalynn, then we will return. The weather is changing and we will not survive..."

"But I don't want to go! Why do we have to go, Father?" Madalynn pleaded, regardless of the danger of remaining.

"The entire village has to go, Madalynn; it is our life cycle as monarchs. We will be leaving in the morning," he added sternly.

She flew to her room and grudgingly packed her most important belongings, wrapping them in her leaf size school backpack.

Madalynn was more nervous about flying than she was about leaving her home. She could hear the other butterflies chatting excitedly; they were all so eager to go. Even her closest friends were excited, and she didn't understand what all the fuss was about! Why did they have to migrate? Was it far away? She'd

Yellow-Bellied Sapsucker

asked her father these questions repeatedly. He would always give the same answer: "It has always been the instruction from the elder monarchs who have lived before us."

The thing was, Elliot, chief of the monarchs, was not quite sure where they were supposed to be migrating to. He knew in his heart that the elder monarchs would guide him in the right direction. He had much responsibility on his wings and he was determined to be the big chief of Monarch Village to the best of his ability.

Madalynn awoke early the next day and helped her mother winterize their tree. They then joined the other monarchs as they prepared for their journey.

First, her father Elliot gave a long pep talk to everyone in the village. The monarchs were instructed to stay together in clusters. Elliot warned them to be careful of predators when flying to land and to fill their stomachs with nectar sufficiently. He pointed out that gliding with air streams was encouraged to save on energy needed for the long journey.

Madalynn decided to take one last look at their tree house. She fluttered off quietly until she reached the barren trees. Then she SOOOAAARED and ZOOOOMED through the village trees, feeling the cold on her flapping wings. Oh how she was going to miss her home! She flew around enjoying herself and finally decided to flap on back to the other monarchs.

When she arrived, no one was around, not one monarch!

"Hello?" she called.

Where could they possibly be? She darted around, but did not see one single monarch. Madalynn grew a little panicky and tried to think rationally as she flapped in the air. She turned and smashed into a tree.

As she lay on the ground, trying to get her bearings, she saw a yellow-bellied sapsucker with a red crown and pale yellow tummy.

"Mr. Sapsucker, have you seen any clusters of monarchs, by chance?" Madalynn asked nervously.

The sapsucker turned and saw little Madalynn on the forest floor and replied with a soft nasal-like "cheeerrr cheeerrr" sound.

"As a matter of fact, I have, little missy. They took off already," he added with a snicker. He pointed his beak, "I believe they went that way."

"Are you absolutely sure, Mr. Sapsucker?"

"Hey, would I lie to a cute little monarch like you?" he said with a cheeerrr cheeerrr.

Madalynn did not reply; she couldn't believe they left without her! So instead of feeling sorry for herself, she picked herself up

Ring-Necked Duck

and, being the grown-up monarch that she was, set out on her way in a furious flutter. She followed her instincts and felt that she was going in the right direction. Still, she did not see any other families of monarchs nearby. She soared through the sky, never tiring, determined to catch up to her swarm.

She remembered the stories her father had told her and knew she had to keep her belly full for the journey. She swooped down and found some leftover flowers and filled her belly so full she thought she was going to pop!

As she was feeding near a bubbling brook, a ring-necked duck paddled by with a white tummy and the shiniest purple head Madalynn had ever seen.

"Hey Mr. Ring-Neck, did you happen to see a swarm of monarchs fluttering overhead?" she questioned.

"As a matter of fact I have, little lady," he answered back in a tranquil manner. He pointed with his black and white wing up to the sky. "They flapped over here a quarter sun ago... that is in duck time."

Madalynn did not understand duck time, but at least she was on the right track. She bid the ring-neck a bright thank you and continued on her way.

After fluttering and gliding for some time, she came upon a large body of water. Madalynn had never crossed anything so vast in her short monarch life. The water was so very blue and the air was crisp. Madalynn zoomed over the blue water enthusiastically, feeling free for the first time in her life. "What an adventure..." she thought to herself. She could feel the frigid air on her orange wings. Her gliding skills were getting better and better. Still not seeing any monarchs ahead, she was not afraid... No sirrreee! "NOTHING WILL SCARE MADALYNN THE MONARCH!" she told herself.

As more time passed, Madalynn's confidence was dwindling. She had never seen so much water, and she wondered if it would ever end. She was hungry and she needed to eat.

Just then, she heard spooky wild laughter above her. She hovered, fluttering in midair, frantically searching the dark sky.

A common loon, with a black head and back with white markings, flew overhead. His crazy laughter sent chills up Madalynn's wings.

"Well hello, pretty little butterfly. What might you being doing here all alone," he said with his shifty red eyes.

"I... I... I'm looking for my family... C... Ca... Can you help me, Mr. Loon?" Madalynn asked nervously.

The loon's expression changed. "Why of course I can help you; got kids of my own. Yes I do," he said with his crazy laugh.

He swooped down and, next thing you know, Madalynn was on the crazy loon's back, soaring through the dark fall skies!

"Land is not too far from here, Ms. Monarch. I shall fly you there and drop you off!" the loon exclaimed.

Madalynn could not believe her luck. Why, this loon was not so crazy and spooky after all!

They finally reached land; the flattest land Madalynn had ever seen. She thanked the common loon endlessly. He plopped her right down in the middle of an apple orchard, and she sucked nectar while the sun came up until her stomach was content.

A northern cardinal was perched above her, singing, "Wha cheer, wha cheer, wha' cha doin' here?"

With those red feathers and funny red crown, Madalynn just had to laugh. That was the funniest singing she had ever heard. "I am looking for my family of monarchs," Madalynn happily replied.

The male northern cardinal said, "Over cheer, over cheer..." He pointed with his dull red beak.

"Why, thank you, Mr. Cardinal. I appreciate your help, and I have to tell you that I love your singing; it is so very beautiful," Madalynn said with all honesty.

The northern cardinal gave a graceful bow and said, "Chank-you, chank-you."

With a bout of fresh energy, she flew off in a frenzy, determined to catch up to the others. Madalynn was so thankful she had come across so many little helpers. She glided with the cool winds and observed many giant buildings that almost touched the sky. She fluttered over endless fields, stopping and filling her tummy with nectar from pear trees, blueberries and even raspberries; the tastiest nectar she had ever experienced.

Madalynn came to another bright city, noticing a wide, giant arch and excitedly flew right underneath it. She was going to have some stories to tell to her fellow monarchs! As she was thinking this, she SMASHED right into an eastern bluebird.

"Whoops, I'm sorry, sir; wasn't watching where I was going," Madalynn said.

The eastern bluebird, with his white tummy and orange breast, replied with much irritation. "Chur-lee, you saw me, Ms. Monarch!"

"No sir, I did not see you. I was just enjoying a little diving under the big arch, and I got carried away by the wind," Madalynn said bravely.

Well, the eastern bluebird had to ponder that answer for a bit, and Madalynn waited for him to scold her. This bluebird did not look very nice at all, she thought to herself.

Common Loon

"Chur-lee, chur-lee, you are lost. Why, what are you doing out here by yourself, Ms. Monarch?"

"I am a bit lost, Mr. Bluebird. You didn't happen to see a group of monarchs pass by, did you?"

The eastern bluebird thought about this for a while. "Chur-lee have, my dear. They went that way." He pointed with his sky blue wing. Madalynn thanked him and concluded that he was a nice bluebird.

Madalynn was happy to be on her way and glad to be on the right track. Maybe soon she would see her parents, and she felt she was getting close. The air had changed again, and it almost felt wet on her little orange wings. She was not tired and refused to be sad, because she knew if she kept going she would find them. She flew over much country and spotted many wetlands below. She swooped above a telephone wire and caught sight of a beautiful scissor-tailed flycatcher. Its tail was black and white, and it had a pale pink and white tummy. Madalynn stopped and stared in awe.

"Keet keet keet, keet keet keet. Can you KEET STARING at me, Ms. Monarch!" said the scissor-tailed flycatcher angrily.

"Excuse me, Ms. Flycatcher, I was just admiring how pretty you are," Madalynn said defensively.

"WELL KEET IT! I do not like to be goggled at, young lady Monarch. Where are your manners?" she said impatiently.

"Ms. Flycatcher, I was just looking for my family. Can you help me?" she asked.

"Yes, I will help you, but please KEET admiring me so. I am patiently perched on this telephone wire awaiting my dinner! Keet keet keet" said the flycatcher.

Madalynn understood this and tried hard to accept the bird's rudeness. "We all need to eat," Madalynn thought.

Ms. Flycatcher then replied while pointing with her immaculate scissortail "Keet keet keetinue on your way, my dear..."

Madalynn flapped a polite good-bye and "keetinued" on her way. She flew close to land, looking for food and found meadows upon meadows of sweet, delicious melons. She suckled gingerly from the flowers around them and continued on her way.

Observing the land below, Madalynn noticed it appeared to be very dry, stretching in all directions, never ending to her view. She flew over it with great speed, stopping only long enough to fill up her tummy. Food was in abundance now, She saw leaves on all the trees, and everything was so sweet smelling and colorful.

Madalynn was getting tired and guessed by now her parents had noticed her missing from the swarm. She hoped they would

Northern Cardinal

Eastern Bluebird

not be angry with her. She was thinking so intently that she flew straight into a mesquite tree that was home to at least a dozen MIMICKING northern mockingbirds, grey with black tails and pale grey tummies. She interrupted the intense rattling of what seemed to be an endless conversation.

"Chack chair, chack chair."

"Now this could drive any sane monarch IN... SANE!" Madalynn thought wearily.

"Why, hello little monarch... hello little monarch, hello little monarch," the northern mockingbirds mimicked.

Madalynn just wanted to scream. She could not take this! She fluttered in the air, patiently waiting for them to stop.

After they had had their fun, one mockingbird said, "What brings you to this lone star state, my dear? You are not going to "achak" us, are you now?" The northern mockingbirds were laughing: "Chack chair, chack chair."

Madalynn started to cry. She was so tired; she just wanted to find her family, and these mimickers were making it very difficult for her. The mimicking mockingbird group all grew silent and listened to Madalynn's story. When she finished, they were wiping their eyes; they could not believe this little monarch had flown all that way by herself.

The northern mockingbirds made a huddle and came to a decision to help little Madalynn. They made a hammock out of leaves, and three mockingbirds stood in line on each side to carry, and they said, "Hop in, Madalynn; we will help you... Hop in Madalynn; we will help you..." And they mimicked on and on.

Madalynn dried her eyes and hopped into the leafy hammock. They flew ever so fast through the blue skies, even stopping so she could suckle some cactus flowers. They talked the entire time. All the while she listened to the constant mimicking. Eventually, that mimicking was the very thing that put her to sleep. Before she knew it, they were shaking her to tell her it was time for them to return back to their home now.

Madalynn awoke to a tropical breeze, and the sun was so hot she thought it would burn a hole right through those orange wings of hers.

She kissed each mockingbird on the beak to bid them good-bye. "How will I ever repay all of you?" she said with tears in her eyes.

They all mimicked at once, and Madalynn picked that time to flutter away, because once that mimicking started, there was no telling what time they would finish!

Scissor-Tailed Flycatcher

Madalynn knew she was close; the mockingbirds gave her the right direction and she flew swiftly. She felt the sun beating on her wings and basked in it. Below she saw many mountains and not much greenery. She stopped for food and all she could find were cactus flowers.

As she was eating near a rocky cliff, she heard a "Klee klee klee—klee klee klee."

Madalynn was startled and afraid to turn around. She turned her head and noticed an American kestrel with a reddish brown back and blue-gray wings hiding in the cliff.

"Hello Mr. Kestrel, how are you this bright sunny day?" Madalynn asked.

"You are talking to me, klee klee klee, little monarch? No one ever talks to me, klee klee klee..."

"Why not, Mr. Kestrel?" Madalynn asked curiously.

"I am a busy bird. I stay with my family... klee klee klee... My babies are still learning to fly, and I don't get out much... Only for food, that is," he informed her.

Madalynn noticed his mouth watering as the kestrel eyed her. She knew these small kestrel falcons loved to munch up large insects and bugs just like her. She fluttered backwards, tripping herself in fear.

"I... th... thin... think... I'll be going now, Mr. Kestrel..." she stammered.

He came lunging at her. She zoomed out of his path with all her might. He raced by her and SMASHED into a tall cactus and fell to the ground. Madalynn did not give herself time to think about this. She fluttered away rapidly, making her head spin, not to mention her tired wings!

She did not look behind her for some time, flying with all the might and strength that one would expect from a monarch flying for its life!

Feeling safe enough to stop for a rest, she scanned the cliff, making sure the kestrel wasn't following her. She fluttered down and saw breathtaking tropical greenery. She suckled from tropical flowers and enjoyed the hot sun.

She heard a high pitched "Jee, jee," blasting from a house finch who was eyeing her. He was brown with a colorful head of red and orange.

"Mr. Finch, I was wondering if you have seen a swarm of monarch butterflies come through this area," she asked eagerly. She knew she had to be close now. Her father had told her many stories of the tropical land where they stayed in the winters.

Northern Mockingbirds

"Jee, why of course they have, just about half a day ago, Ms. Monarch... jee, jee..." The finch replied with his high pitched sound.

Madalynn was so excited. She was not that far away; soon she would see her parents and friends. She fluttered around the finch in a frenzy, talking excitedly.

"Jee, I thought I was crazy, young monarch. What is all this fluttering about? Jee, jee..." The finch pointed with his little beak, "Jey went that way, jee, jee..."

Madalynn flew the rest of the day, admiring all the green vegetation and no leaves missing from any of the trees. She flew endlessly and came across a very large, ancient city. She flew low to admire the cathedral in the square.

Then she caught a glimpse of the tail end of a swarm. Could it be? She flew more rapidly than she ever did on her whole, entire trip. YES, YES, IT WAS THEM.

She caught up to her fellow monarchs, joining the swarm, and not a single monarch noticed! She reached her parents in the front of the line and they fluttered a hello and that was that!

"Madalynn, we are almost there now; please stick by your mother and I. You've had enough time with your friends," Elliot said in his stern manner.

Madalynn was not sure how to react to this. She thought it best not to say a word, because her parents would be angry at her if they knew the real truth. Madalynn would have to keep her adventure to herself!

She gave them a fluttery hug and they looked at her dumbfounded. They did not understand the sudden affection. Madalynn joined the cone shaped swarm proudly. There was something about flying with her fellow monarchs; Madalynn was full of pride. She looked behind and admired the cone shaped swarm with endless colors of black and orange, yellow and white.

Elliot led the swarm down to the mountainous lands of Mexico, which he knew to be their destination of Michoacan. They flew over streams, observing lots of underbrush mixed with fog and clouds. Madalynn recognized the trees from her school lessons. They were called Oyamel fir trees. These comfortable looking trees were going to be home to millions upon millions of monarch butterflies until February.

The monarchs all chatted excitedly, and each family grabbed a branch, as she did with her mother and father. Madalynn thought the climate was nothing less than perfect. Although it was a little chilly, the sunshine was warm and comforting.

American Kestrel

The monarchs were all snuggled underneath the trees. It was a sight she would never forget, understanding now why the monarchs always chose the same trees every year.

Madalynn could hear a gentle flapping filling the air around them as millions of monarchs found their places on the Oyamel fir trees.

After much fussing, fluttering and flapping around, it grew very quiet, as the entire unit of monarchs fell into a very deep sleep, except for Madalynn, of course. She was too busy admiring the trees, which now looked as if they had changed to orange and black, with little specks of white.

It was the most beautiful sight Madalynn had ever seen: trees covered with monarch butterflies. Branches hanging so low with monarchs that they looked as if they were going to crack right off the tree. The fir trees provided much protection. The monarchs didn't need to worry if they fell to the ground, because it was very well padded with shrubs and moss. Madalynn fell into her sleep, dreaming of her adventure. Content now, snuggled with her parents in this very pristine place called MICHOACAN.

House Finch

Study Guide

1. Here are some of the ways the birds "spoke" to Madalynn:

Yellow-Bellied Sapsucker — cheeerrr cheeerrr

Ring-Neck Duck — silent manner

Common Loon — crazy laughter

Northern Cardinal — wha cheer wha cheer

Eastern Bluebird — chur-lee chur-lee

Scissor-Tailed Flycatcher — Keet keet keet

Mimicking Northern Mockingbird — chack chair

American Kestrel — klee klee klee

House Finch — jee jee

2. Draw a line matching the state to the state bird that Madalynn met on her adventure.

Northern Cardinal	Texas
Eastern Bluebird	Missouri
Scissor-Tailed Flycatcher	Illinois
Northern Mockingbird	Oklahoma

3. In which country do you think Madalynn met the birds listed below? Hint: Put "M" for Mexico and "C" for Canada.

_____ House Finch

_____ Ring-Neck Duck

_____ American Kestrel

_____ Yellow-Bellied Sapsucker

3. Describe which parts of the United States or Mexico Madalynn the Monarch is visiting in the story, using the hints given below. Match the correct letter to the numbered descriptions listed below.

1. Large body of water	a. Michoacan, Mexico
2. Flattest land	b. Illinois
3. Apple orchard	c. Oklahoma
4. Giant arch	d. Mexico
5. Wetlands	e. Great Lakes
6. Mesquite trees	f. Illinois
7. Mountains	g. Texas
8. Dry desert land	h. Mexico
9. Tropical greenery	i. Missouri
10. Oyamel fir trees	j. Mexico

4. Using a map, draw a line of Madalynn's quest to Michoacan, starting in eastern Canada, through the United States to Michoacan, Mexico.

5. Write a paragraph explaining who your three most favorite characters are in the story and explain why.

Madalynn la mariposa monarca y su
aventura por Michoacán

$\mathcal{M}$adalynn es una hermosa mariposa monarca, negra y naranja, con un punto amarillo en cada ala, que vive con su madre y su padre en el este de Canadá. Su padre, Eliot, es el jefe del pueblo de Monarch Tree Village, donde viven centenares de otras monarcas.

A Madalynn le gustaba mucho su casa del árbol y su pueblo, que siempre tiene un cielo azul, despejado y limpio, con un interminable prado verde lleno de flores.

En cierta ocasión Madalynn notó que los días se hacían cada vez más cortos, el viento era ahora más frío y aquellos que alguna vez fueron unos árboles frondosos, ahora estaban sin hojas. También notó que las flores no tenían el mismo esplendor que alguna vez tuvieron y, además de eso, que su hermoso bosque se estaba volviendo muy silencioso.

Todos estos cambios que sucedían en el lugar con que ella estaba familiarizada la hacían sentirse triste porque sabía que ya se acercaba el tiempo para su primera migración y eso la ponía muy nerviosa!

Millones de otras monarcas también harían este largo viaje junto con ellos, ya que todas sabían que ninguna monarca ha podido sobrevivir los largos inviernos canadienses.

Al regresar de la escuela un frío día de noviembre, Madalynn llegó a su casa y encontró a sus padres empacando las pocas pertenencias que tenían. Madalynn conocía la mirada que sus padres tenían. Era la misma mirada que ellos tenían cuando encontraron a Marvin, la campamocha, acechando cerca de su árbol.

— Madalynn, necesitamos prepararnos para nuestro viaje que se aproxima.

«Esto otra vez, no» pensó Madalynn —. Está bien, padre — contestó.

Su madre y su padre le dijeron (como ya le habían dicho tantas otras veces) que el viaje que se aproximaba era para emigrar a climas más templados.

— Pero padre, ¡yo no quiero dejar estos bosques y vivir en otra parte! — dijo Madalynn enojada.

— Sólo será por unos meses Madalynn, después regresaremos. El clima está cambiando y nosotros no sobreviviremos.

— ¡Pero yo no quiero ir! ¿Por qué nos tenemos que ir, padre? — suplicaba Madalynn sin pensar el riesgo que esto implicaba.

— Todo el pueblo tiene que ir, Madalynn. Es nuestro ciclo de vida como monarcas. Nosotros nos marcharemos en la mañana —

Chupasavia Maculado

agregó él con autoridad.

Ella voló a su cuarto y de mala gana empacó sus pertenencias más importantes, envolviéndolas en su mochila de la escuela que era del tamaño de una hoja. Madalynn estaba más nerviosa por tener que volar que por dejar su casa. Ella podía oír a las demás mariposas platicar emocionadas; todas ellas estaban muy ansiosas por irse. ¡Aun su mejor amiga estaba emocionada y ella no entendía a qué se debía todo ese alboroto!

¿Por qué tenían que emigrar? ¿Estaba muy lejos? Madalynn le había hecho esa pregunta a su padre repetidamente y él siempre le daba la misma respuesta.

— Esta ha sido siempre la instrucción de las monarcas mayores que han vivido antes de nosotros.

La cosa era que, Eliot, el jefe de las monarcas, no estaba muy seguro de a dónde se suponía que iban a emigrar. Sabía en su corazón que las monarcas mayores lo guiarían en la dirección correcta. Él tenía mucha responsabilidad sobre sus alas y estaba determinado a ser el mejor jefe del pueblo monarca, lo mejor que él pudiera ser.

Madalynn se despertó temprano el siguiente día y ayudó a su madre a preparar su árbol para el invierno.

Poco después se unieron a las otras monarcas que ya se preparaban para su viaje. Pero antes, su padre Eliot les dio a todos los del pueblo una larga plática de motivación y las instruyó a que siempre permanecieran juntas en grupos.

Eliot les advirtió que tuvieran mucho cuidado con los depredadores cuando volaran sobre tierra y que llenaran sus estómagos con suficiente néctar. También les dijo que les recomendaba deslizarse en las corrientes de aire para ahorrar energía que después necesitarían durante el largo viaje.

Madalynn decidió regresar una última vez a su casa del árbol y voló alejándose silenciosamente hasta que alcanzó los árboles sin hojas.

Después se ACERCOOOÓ y PLANEOOOOÓ a través de los árboles del pueblo, sintiendo el frío en sus alas. ¡Oh, cuánto iba a extrañar su casa! Madalynn voló alrededor divirtiéndose y finalmente decidió regresar con las otras monarcas.

Cuando llegó, no había nadie en los alrededores, ni siquiera una sola monarca.

— ¿Hola?

¿Dónde podrán estar todas? Voló por los alrededores, pero no vio ni siquiera a una monarca. A Madalynn le dio un poco de pánico y trato de pensar racionalmente mientras aleteaba en el aire, cuando

Pato Pico Anillado

de pronto dio un giro y se estrelló contra un árbol.

Cuando estaba tirada en tierra tratando de recobrar sus fuerzas, vio un pájaro chupasavia maculado (corona roja, pecho amarillo pálido).

— ¿Señor Chupasavia, por casualidad ha visto algún grupo de monarcas? — Madalynn preguntó nerviosamente.

El chupasavia maculado se volteó y vio a la pequeña Madalynn en el piso del bosque y le respondió con un suave sonido «cheeerrr, cheeerrr».

— De hecho las vi hace poco tiempo, pequeña señorita, ya despegaron — le dijo con una gesto maligno mientras señalaba con su pico —. Creo que se fueron en esa dirección.

— ¿Está usted absolutamente seguro señor Chupasavia?

— ¡Hey! ¿Le mentiría yo a una pequeña monarca tan curiosa como tú? — le dijo con un «cheeerrr cheeerrr».

¡Madalynn no quiso responder que no podía creer que se hubieran ido sin ella! Por lo que en vez de sentirse mal con ella misma, se levantó y siendo la mariposa adolescente que era, se preparó para el camino con un aleteo furioso. Siguió sus instintos, sintiendo que iba en la dirección correcta y aunque todavía no veía a ninguna otra familia de monarcas en las cercanías, Madalynn voló por el cielo sin descanso, determinada a alcanzar a su grupo.

Ella recordó las historias que su padre le había contado y sabía que tenía que mantener su estómago lleno para el viaje, por lo que bajó para encontrar algunas flores que aún quedaban y llenó tanto su pancita que pensó que iba a explotar. Mientras se alimentaba cerca de un arroyo, se acercó pataleando un pato cuello anillado (cabeza morada y vientre blanco) que Madalynn no había visto nunca antes.

— ¡Hey! señor Pato ¿ha visto usted un grupo de monarcas volando alrededor? — le preguntó.

— En verdad las acabo de ver pequeña dama — le contestó en una forma tranquila, señalando hacia el cielo con su ala blanca y negra.

— Pasaron volando por aquí hace un cuarto de sol... esto es en tiempo de pato.

Madalynn no entendía el tiempo de pato, pero al menos sabía que iba por buen camino. Le dio cordialmente las gracias al señor Pato de Cuello Anillado y continuó su camino.

Después de volar y planear por algún tiempo, llegó a un lugar donde había una gran cantidad de agua. Madalynn nunca había cruzado volando nada tan vasto en su corta vida de monarca. El agua estaba tan azul y el aire estaba tan encrespado que Madalynn se acercó al agua azul entusiasmada, sintiéndose libre por primera vez en su vida. «¡Qué aventura!» pensó. Podía sentir el aire frío en sus alas naranjas. Sus habilidades para planear se volvían cada vez mejores, y aunque aún no veía a ninguna monarca adelante, ella no sentía miedo... ¡No, señooooor! «¡NADA ASUSTARÍA A MADALYNN LA MONARCA!» se dijo a sí misma.

Mientras más tiempo pasaba, la confianza de Madalynn se desvanecía pues nunca había visto tanta agua y se preguntaba si algún día se acabaría. Tenía hambre y necesitaba comer. Justo entonces escuchó una risa salvaje y estremecedora por arriba de ella. Madalynn giró con rapidez y aleteó frenéticamente por el aire en busca del cielo más oscuro.

Un colimbo mayor (cabeza negra, cuello con rayas blancas, espalda negra con puntos blancos) volaba por arriba de su cabeza. Su loca risa le dio escalofríos en las alas a Madalynn.

— ¡Mmmm... Bueno! Hola pequeña mariposa hermosa. ¿Qué es lo que haces aquí tan solita? — dijo el colimbo mayor con una mirada sospechosa en sus ojos rojos.

— Yo... yo... yo estoy buscando a mi familia... ¿M... M... Me puede ayudar, señor Colimbo? — preguntó Madalynn nerviosamente.

La expresión del colimbo mayor cambió y con su loca risa dijo — ¡Claro! Seguro que puedo ayudarte. Yo también tengo hijos. Claro que sí.

¡Él descendió y lo siguiente que sabemos fue que Madalynn se encontraba en la espalda del colimbo mayor volando por los oscuros cielos de otoño!

— La tierra no está muy lejos de aquí, señorita Monarca. ¡La llevaré volando hasta allá y ahí la dejaré! — exclamó el colimbo mayor.

Madalynn no podía creer su suerte. ¡Hey! ¡Después de todo, este colimbo no estaba tan loco y no era aterrador!

Finalmente llegaron a tierra, la tierra más plana que Madalynn había visto en su vida. Ella agradeció mucho al colimbo, que la dejó en medio de una granja de manzanas donde ella chupó el néctar de las flores mientras que el sol salía, hasta que su estómago estuvo satisfecho.

Un cardenal rojo (copete rojo, cuerpo rojo) se balanceaba por arriba de ella cantando — Wha-cheer, wha-cheer. ¿Qué haces aquí? Wha-cheer, wha-cheer.

Al ver sus alas rojas y su graciosa cresta roja, Madalynn no tuvo más remedio que reír; ese era el canto más hermoso que jamás había escuchado —. Estoy buscando a mi familia de monarcas — respondió Madalynn muy contenta.

Colimbo Mayor

— Hacia allá, hacia allá, wha-cheer, wha-cheer — respondió el señor Cardenal Rojo señalando con su chato pico rojo —, wha-cheer, wha-cheer.

— ¡Oh! Gracias señor Cardenal, le agradezco su ayuda y debo decirle que me encanta su canto, es muy hermoso — dijo Madalynn con toda honestidad.

El señor Cardenal Rojo hizo una graciosa reverencia y dijo — Gracias, gracias, wha-cheer, wha-cheer, pequeña monarca. Wha-cheer, wha-cheer.

Con su energía renovada, Madalynn voló con emoción, determinada a alcanzar a las otras monarcas. Estaba muy agradecida de haber encontrado a tantos pequeños ayudantes.

Madalynn planeó por el frío viento y observó muchos edificios grandes, gigantes, que casi tocaban el cielo. Voló sobre interminables campos, deteniéndose y llenando su pancita con néctar de árboles de pera, moras azules y hasta de moras rosas. ¡El néctar más dulce que jamás había probado!

Madalynn llegó a otra ciudad brillante donde vio un arco gigante, y emocionada voló por debajo de éste. ¡Cielos, sí que tendría algunas historias que contar a sus compañeras monarcas! Mientras Madalynn estaba pensando esto SE ESTRELLÓ contra un azulejo garganta canela (azul, garganta y pecho canela, vientre blanco.)

— ¡Whoops! Lo siento señor, no estaba viendo hacia donde iba — dijo Madalynn.

El azulejo replicó con mucha irritación — Chur-lee, chur-lee, ciertamente que me vio señorita Monarca. Chur-lee, chur-lee.

— No señor, no lo vi; yo sólo estaba disfrutando un pequeño clavado por debajo del gran arco y me deje llevar por el viento — dijo Madalynn con valentía.

Bueno, el azulejo tuvo que analizar esa respuesta por un rato, mientras tanto Madalynn esperaba que él la regañara. Este pájaro azul no se veía muy bueno que digamos, pensó para sí misma.

— Chur-lee, chur-lee, ciertamente, que estás perdida, chur-lee, chur-lee. ¿Hey, qué está haciendo por acá usted sola, señorita Monarca?

— Estoy un poco perdida señor Azulejo. ¿Por casualidad no ha visto un grupo de monarcas pasar por aquí? ¿Las ha visto?

El azulejo pensó en esto por un momento —. Chur-lee, chur-lee. Claro que las vi, querida. Se fueron en esa dirección. Claro, claro. Chur-lee, chur-lee, chur-lee, chur-lee — y señaló con su ala de color azul cielo.

Madalynn le agradeció y concluyó que después de todo era un buen azulejo.

Cardenal Rojo

Azulejo Garganta Canela

Madalynn estaba contenta de estar viajando y de que fuera en el camino correcto. A lo mejor pronto vería a sus padres y sentía que se estaba acercando. El aire había cambiado de nuevo y casi se sentía la humedad en sus pequeñas alitas anaranjadas. Madalynn no se sentía cansada y se resistía a ponerse triste porque sabía que si continuaba los encontraría. Voló sobre grandes espacios de campo y vio muchos pantanos por debajo. Después voló a la altura de un cable de teléfono y se topó con una hermosa tijereta-tirano rosada (cola negra y blanca, pecho blanco y rosa pálido). Madalynn se detuvo y se quedó mirándola asombrada.

— Keet keet keet, keet keet keet — dijo la tijereta —. Keet keet keet, podría usted dejar de mirarme señorita Monarca — dijo la tijereta enojada.

— Disculpe usted señora Tijereta, yo solamente estaba admirando lo hermosa que es usted — dijo Madalynn a la defensiva.

— Bueno, keet keet keet, ya basta, a mí no me gusta que se me queden viendo, pequeña dama monarca, keet keet keet. ¿Dónde está su educación? Keet keet keet — dijo impaciente.

— Señora Tijereta, yo sólo estaba buscando a mi familia. ¿Puede ayudarme? — preguntó Madalynn.

— ¡Sí, te ayudaré, pero por favor deja de admirarme tanto. Yo sólo estoy parada pacientemente en esta línea telefónica esperando mi cena! Keet keet keet — respondió la tijereta.

Madalynn comprendió esto y trato de entender la rudeza del pájaro. «Todos necesitamos comer» pensó Madalynn.

Después, la señora Tijereta respondió mientras señalaba con su inmaculada cola de tijereta.

— Keet, keet keet, continúa tu camino, querida, keet, keet keet.

Madalynn se despidió de ella con un amable saludo y aleteando continuó su camino. Voló cerca de la tierra buscando comida y encontró enormes praderas de melones dulces y deliciosos. Ella chupó cautelosamente de las flores alrededor de ellos y siguió su camino.

Observando la tierra debajo de ella, Madalynn notó que la tierra parecía estar muy seca y que se extendía en todas direcciones como si nunca se terminara. Voló sobre esta tierra a gran velocidad, deteniéndose sólo lo suficiente para llenar su pancita. Ahora la comida abundaba, se veían hojas en todos los árboles, todo olía muy dulce y era muy colorido. Madalynn estaba cansada y pensó que sus padres ya se habrían dado cuenta de que ella no se encontraba en el grupo y esperaba que no se enojaran con ella. Madalynn estaba tan concentrada en sus pensamientos que voló justo a un árbol de mezquite que era la casa de al menos una

Tirano Tijereta Rosado

docena de cenzontles norteños (cola larga, alas grises, pecho gris pálido) y con su llegada interrumpió el parloteo de lo que parecía ser una conversación interminable.

— Chack chair, chack chair.

«¡Esto puede volver loca a cualquier monarca!» pensó Madalynn fatigada.

— ¡Oh!, hola pequeña monarca... hola pequeña monarca, hola pequeña monarca — repitieron los cenzontles.

¡Madalynn quería gritar... ella no podía soportar esto y aleteó pacientemente en el aire esperando a que ellos terminaran! Después de que ya se habían divertido, una cenzontle dijo — ¿Querida, qué te trae al estado de la estrella solitaria? ¿No nos vas a atacar... o sí? — Todos los cenzontles arremedadores se estaban riendo — Chack chair, chack chair.

Madalynn empezó a llorar. Estaba muy cansada y sólo quería encontrar a su familia, pero estos cenzontles arremedadores estaban haciendo las cosas más difíciles para ella. El grupo de cenzontles arremedadores se quedó en silencio escuchando la historia de Madalynn y cuando ella terminó todos se estaban limpiando las lagrimas de los ojos. No podían creer que esta pequeña monarca hubiera volado sola toda esa distancia.

Los cenzontles arremedadores hicieron una reunión y llegaron a la decisión de ayudar a la pequeña Madalynn. Hicieron una hamaca de hojas y tres cenzontles se pusieron en línea en cada lado para cargarla y dijeron — Súbete Madalynn, nosotros te ayudaremos... súbete Madalynn, nosotros te ayudaremos — y lo repitieron una y otra vez.

Madalynn se secó los ojos y se subió a la hamaca de hojas. Ellos volaron aún más rápido a través del cielo azul. También se paraban para que ella pudiera chupar unas flores de cactos. ¡Hablaban todo el tiempo, mientras ella escuchaba la constante repetición! Finalmente esa repetición fue lo que hizo que se durmiera, y antes de que se percatara, ya la estaban despertando para decirle que ya era hora de que ellos regresaran a su casa.

Madalynn se despertó en medio de una brisa tropical y el sol estaba tan caliente que pensó que le haría un agujero en sus alas de color naranja. Después besó a cada cenzontle en el pico para decirles adiós.

— ¿Cómo podría pagarles lo que han hecho? — dijo con lágrimas en los ojos.

¡Todos empezaron a hablar al mismo tiempo y Madalynn aprovechó esa oportunidad para desaparecer volando, porque sabía que una vez que los cenzontles arremedadores empezaban a

Cenzontle Norteño

parlotear, no se sabría cuándo podrían terminar!

Madalynn sabía que ya se encontraba cerca pues los cenzontles le dieron la dirección correcta y ella volaba con mucha rapidez sintiendo y disfrutando el sol que acariciaba sus alas. Por debajo de ella se veían muchas montañas, pero no había muchas plantas y cuando se detuvo para buscar comida todo lo que pudo encontrar fueron unas flores de cactos. Mientras comía al borde de un acantilado rocoso escuchó un «klee, klee, klee». Madalynn estaba paralizada y tenía miedo de asomarse. Cuando volteó la cabeza pudo ver a un cernícalo americano (rojo oscuro, alas azul y gris) que se escondía en el acantilado.

— Hola señor Cernícalo. ¿Cómo está usted en este día soleado? — preguntó Madalynn.

— ¿Me estás hablando a mí, klee, klee, klee, pequeña monarca? Nadie habla jamás conmigo, klee klee klee, klee klee klee.

— ¿Por qué no señor Cernícalo? — preguntó Madalynn con curiosidad.

— Soy una ave muy ocupada y siempre me quedo con mi familia, klee klee klee, mis bebés todavía están aprendiendo a volar y yo no salgo mucho... sólo por comida — le contestó.

Madalynn notó que la boca se le hacía agua al cernícalo cuando la veía. Ella sabía que a estos pequeños halcones les gustaba comer bichos y insectos grandes como ella, por lo que retrocedió tropezándose con miedo.

— C... cr... cre... creo... que yo mejor ya me voy señor Cernícalo — dijo tartamudeando.

El cernícalo arremetió en su contra y ella se escabulló con todo su ser fuera de su camino. Él la persiguió y se ESTRELLÓ contra un gran cacto y se cayó al suelo. ¡Madalynn no lo pensó mucho y voló alejándose con mucha rapidez, agitando con fuerza su cabeza, por no mencionar sus cansadas alas!

¡Madalynn no miró hacia atrás durante mucho tiempo, mientras volaba con todo su ser y toda su fuerza, tal como uno lo esperaría de una monarca que vuela para salvar su vida!

Cuando ya se sintió lo suficientemente segura se detuvo para descansar y revisó el acantilado para estar segura que el cernícalo ya no la estuviera siguiendo. Después de descansar empezó a descender y se encontró con una cantidad extraordinaria de plantas y se dedicó a chupar néctar de las flores tropicales y a disfrutar del tibio sol.

De pronto escuchó un tono alto — Jee, jee — que provenía de un pinzón mexicano (cabeza café con naranja y roja) que la estaba observando.

Cernícalo Americano

— ¿Señor Pinzón, me preguntaba si usted ha visto a un grupo de mariposas monarcas que pasó por esta área? — preguntó vigorosamente.

Ella sabía que ya debía estar muy cerca, pues su padre le había contado muchas historias de la tierra tropical donde ellos permanecían durante los inviernos.

— Si, claro que pasaron por aquí hace como medio día, señorita Monarca, jee, jee — respondió el pinzón con un tono de sonido alto.

¡Madalynn estaba muy emocionada! ¡Ya no estaba lejos y pronto vería a sus padres y amigos! Aleteó con entusiasmo alrededor del pinzón, hablando emocionada.

— Jee, jee, y yo que pensaba que yo estaba loco, joven monarca. ¿Qué es todo este aleteo? Jee, jee.

El pinzón señaló con su pequeño pico — Jee, jee, se fueron en esa dirección, jee, jee.

Madalynn voló el resto del día admirando toda la vegetación y notó que a ningún árbol le faltaban sus hojas. Siguió volando sin fin y llegó a una ciudad antigua donde descendió para admirar la catedral que se encontraba en la plaza.

Entonces pudo ver algo que parecía el final de un grupo de mariposas... ¿Podría ser? Voló más rápido de lo que había volado durante todo su viaje... SÍ... SÍ... SÍ ERAN ELLOS.

¡Madalynn alcanzó a sus compañeras monarcas y se unió al grupo sin que ninguna de ellas lo notara! ¡Cuando alcanzó a sus padres al frente del grupo, ellos aletearon un «hola» y eso fue todo!

— Madalynn, ya casi llegamos, por favor permanece con tu madre y conmigo, ya estuviste suficiente tiempo con tus amigas — dijo Eliot con su tono autoritario.

Madalynn no estaba segura cómo debía reaccionar, y pensó que lo mejor sería no decir ni una sola palabra a sus padres porque podrían enojarse con ella si supieran toda la verdad. ¡Madalynn tendría que guardar estas aventuras para sí misma!

Aleteando, les dio un abrazo fuerte, y ellos la voltearon a ver desconcertados porque no entendían esta muestra de afecto tan repentina y Madalynn se unió con orgullo al grupo en forma de cono. Sentía algo especial al volar con sus compañeras monarcas, algo que la llenaba de orgullo. Volteó hacia atrás y pudo ver la forma cónica del grupo con interminables colores negro y naranja, amarillo y blanco.

Eliot dirigió al grupo hacia las tierras montañosas de México, en donde él sabía que su destino debía ser Michoacán. Volaron sobre

Pinzón Mexicano

arroyos y observaban muchos arbustos que se entremezclaban con la niebla y las nubes. Madalynn reconoció los árboles porque los había estudiado en sus lecciones de la escuela. Se llamaban abetos (Oyamel), y estos placenteros árboles iban a ser el hogar de millones y millones de mariposas monarcas hasta el mes de febrero.

Todas las monarcas platicaban emocionadas y cada familia escogió una rama, tal como ella lo hizo con su madre y su padre. Madalynn pensó que el clima era perfecto y, aunque estaba un poco fresco, el sol era tibio y acogedor.

Todas las monarcas estaban acurrucadas debajo de los árboles. Era una vista que ella nunca olvidaría y que le hizo entender ahora por qué las monarcas escogen los mismos árboles cada año.

Madalynn podía oír un suave aleteo que llenaba el aire alrededor de ellas cuando millones de monarcas buscaban sus lugares en los árboles de abeto.

Después de mucho tiempo de movimientos, aleteos y vuelos alrededor, el lugar se tornó muy tranquilo, como si todo el grupo de monarcas cayera en un sueño profundo... excepto Madalynn, por supuesto. Ella estaba muy ocupada admirando los árboles que parecía como si hubieran cambiado a un color naranja y negro... con algunos puntos blancos.

Era el lugar más hermoso que Madalynn hubiese visto en su vida. Árboles cubiertos de mariposas monarcas y ramas colgando tan bajo debido al peso de las monarcas que parecía como si se fueran a romper. Los árboles de abeto dan mucha protección y las monarcas no tienen de que preocuparse si caen al suelo porque éste se encuentra muy bien acolchonado con arbustos y musgo. Madalynn se durmió por fin, soñando con su aventura. Contenta ahora, se acurrucó con sus padres en este prístino lugar llamado Michoacán.

Guia de Estudio

1. A continuación se presentan las formas en que las aves «hablaban» con Madalynn:

Chupasavia Maculado — cheeerrr cheeerrr

Pato Pico Anillado — manera silenciosa

Colimbo Mayor — risa loca

Cardenal Rojo — wha cheer wha cheer

Azulejo Garganta Canela — chur-lee chur-lee

Tirano Tijereta Rosado — keet keet keet

Cenzontle Norteño — chack chair

Cernícalo Americano — klee klee klee

Pinzón Mexicano — jee jee

2. Dibuja una línea que corresponda al nombre del estado, con el estado del pájaro con que Madalynn la Monarca ha tenido conversación.

Cardenal Rojo	Texas
Azulejo Garganta Canela	Missouri
Tirano Tijereta Rosado	Illinois
Cenzontle Norteño	Oklahoma

3. ¿En qué país crees que Madalynn conoció a los pájaros que están listados abajo? Pon una «M» para México y una «C» para Canadá.

_____ Pinzón Mexicano

_____ Pato Cuello Anillado

_____ Cernícalo Americano

_____ Chupasavia Maculado

3. Usando las claves que se dan a continuación, describe qué parte de Estados Unidos o de México está visitando Madalynn la Monarca. Pon la letra correspondiente a la descripción del número que se lista abajo.

1. Gran masa de agua

2. Tierra plana

3. Granja de manzanas

4. Arco gigante

5. Pantanos

6. Árboles de mezquite

7. Montañas

8. Tierra desértica/seca

9. Verde tropical

10. Árbol de abeto

a. Michoacán, México

b. Illinois

c. Oklahoma

d. México

e. Grandes Lagos

f. Illinois

g. Texas

h. México

i. Missouri

j. México

4. Usando el mapa, dibuja una línea de la aventura de Madalynn a Michoacán, comenzando en el este de Canadá, siguiendo por los Estados Unidos hasta Michoacán, México.

5. Escribe un párrafo explicando quiénes fueron tus tres personajes favoritos del cuento y di porque.

RESPUESTAS:
1) Cardenal Rojo del Norte – Illinois; Azulejo Garganta Canela – Missouri; Tirano Tijereta Rosado – Oklahoma; Cenzontle Norteño – Texas
2) M, C, M, C
3) 1 e, 2 f, 3 f, 4 i, 5 c, 6 g, 7 h, 8 d, 9 j, 10 a
4) La línea debe dibujarse de la siguiente manera: el este de Canadá, Grandes Lagos, Illinois, Missouri, Oklahoma, Texas, México, Michoacán México.

Mary Baca Haque grew up in the northern suburbs of Illinois with her nine brothers and sisters. She currently resides in Jalisco, Mexico, with Khalila (14), Khyaam (13), and her husband of fourteen years. Her children and a very diversified life inspired her to write a series of stories that, "not only capture a young imagination but also teach of diversity and acceptance in the animal world, as we have in the human world." Her next book, entitled *Tashi the Tibetan Antelope Makes New Friends,* is one of the series which brings attention to the endangered animals on the Tibetan Plateau and teaches of acceptance and prejudice. She wishes to create, "books that introduce children to new worlds, just by the turn of a page." She has also recently written and published the humorous essay, "Adventure with Husband."

Emily Cornell du Houx, born in North Devon, England, lived in Southern Ireland and Scotland before moving to Maine in 1991 when her parents returned to the United States. She graduated in 2002 from Carrabec High School in North Anson, Maine, and is now attending Amherst College in Massachusetts. Ever since she could read, Emily has been attracted to the law and looks forward to studying law in graduate school. Art is one of the many interests Emily has pursued from childhood. In addition to *Madalynn the Monarch Butterfly and Her Quest to Michoacan,* she has utilized her talent for Polar Bear & Company through various projects, including *A Voice for the Redwoods* and the illustrated novel, *Manitou, a Mythological Journey in Time.* She is currently illustrating a book for students of Japanese at Amherst College.

Francisco Lancaster-Jones teaches subjects such as Cultural Shock, World History, Translation, and Lexicology in the graduate program of Translation and Interpretation at the Universidad Autónoma de Guadalajara. He has translated the *Oxford Children's Encyclopedia* as well as numerous technical books. At UAG he has been Assistant Director of International Programs, Director of the Center for Canadian Studies and Director of North American Mobility Programs.

Illustrated quality paperback books available at Polar Bear & Company or your local book store.

A Voice For The Redwoods, by Loretta Halter
ISBN 1-882190-66-1, 64pp, $14.00. Loretta Halter takes us into the world of the redwood trees by focusing on the life of one tree. The author conveys the sense of time that it takes to grow a redwood by following its life from seedling to adult. We meet Native Americans, from generation to generation, then early loggers and people of our time as the tree continues its long life span. We learn about the scientific process that creates the tree as she imparts nature's miracle to us. Ms. Halter has a unique way of giving the tree a personality, becoming a voice for the redwoods.

Manitou, A Mythological Journey In Time, by Ramona du Houx
ISBN 1-882190-77-7, illustrated novel, 224pp, $12.00. Adventure with five young adults as they travel up the Slipstream River to the Land of Living Imagination, the land of Manitou, where myth is reality. Join in comical performances and musical excursions with Merlin the Magician as well as other mythological gods and goddesses as you uncover amazing mysteries. There is truth in Harry Potter; come experience that reality in Manitou.

Millicent the Magnificent, by Burton R. Hoffmann.
ISBN 1-882190-68-8, 64pp, $14.00. Music is magical when a mockingbird speaks to Amanda, a music student, and sings, changing the lives of family, music teacher and the public at large. Accepting the extraordinary into their lives, they eventually find themselves at Carnegie Hall.

Women Who Walk With the Sky, by Dawn Levesque
ISBN 1-882190-12-2, 64pp, $14.00. Explore eight new mythological tales of indigenous peoples working with nature. These modern myths that have roots in traditional tales all have women who are the main characters, making them fresh with a new liberating point of view. Each tale takes you on a journey of discovery as you overcome obstacles with the heroines. They help their communities; they discover more about themselves and the natural world.

For ordering information, to visit the art gallery, or read some tales that present exciting new ideas, visit www.polarbearandco.com, where the theme is: Mythology for modern democracy brings variety to everyday life!